LOUIS GUIBERT

LE BUDGET

DE LA

VILLE DE LIMOGES

AU MOYEN AGE

(Extrait de l'*Almanach limousin* pour 1888)

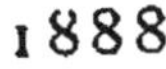

LIMOGES

IMPRIMERIE-LIBRAIRIE Vᵒ H. DUCOURTIEUX
7, RUE DES ARÈNES, 7

1888

LE

BUDGET DE LA VILLE DE LIMOGES

AU MOYEN AGE

LOUIS GUIBERT

LE BUDGET

DE LA

VILLE DE LIMOGES

AU MOYEN AGE

(Extrait de l'*Almanach limousin* pour 1888)

LIMOGES

IMPRIMERIE-LIBRAIRIE Vᵉ H. DUCOURTIEUX

7, RUE DES ARÈNES, 7

1888

LE

BUDGET DE LA VILLE DE LIMOGES

AU MOYEN AGE

Dès l'origine, les Communes, ayant à pourvoir à des besoins spéciaux, à assurer à leurs membres une certaine protection et certains avantages, durent se créer des ressources propres. Au XIIIe siècle et sans nul doute aussi au XIIe, il y avait à Limoges un budget municipal. Il était moins compliqué à cette époque que nous ne le voyons aujourd'hui, et de proportions beaucoup plus modestes. — Le présentait-on annuellement au vote de l'Assemblée de ville ou des membres du Conseil d'alors? Nous ne le croyons pas. Les dépenses se trouvaient réglées par le chiffre des charges féodales, des redevances, des services religieux à acquitter, — et, en ce qui concerne les frais du fonctionnement de la Commune, bien rudimentaire encore, par une tradition pouvant remonter très haut, mais formée à coup sûr sous l'inspiration de la plus stricte économie. Le chiffre annuel des dépenses ordinaires était donc connu, et aucun acte officiel, aucune délibération ne semblait nécessaire pour le fixer. En conséquence, le Consulat avait dès lors créé des contributions régulières, une taxe unique probablement, proportionnelle, semble-t-il, à l'avoir des membres de la communauté, et réclamée tous les ans à une certaine date aux habitants. Quelques revenus éventuels, irréguliers, les amendes, legs et autres venaient s'ajouter au produit de cette contribution, qui, au début, fut, il y a lieu de le penser, volontaire. Il y avait de plus des impositions extraordinaires, que les chefs de la Commune levaient pour faire face à un besoin urgent et plus ou moins imprévu. Ces deniers extraordinaires, qui n'étaient imposés qu'en vertu d'une délibération du corps de ville tout entier, de la « Commune », devaient constituer la principale ressource de l'administration municipale. Tout au moins nous est-il permis de le supposer. Du texte de nos plus anciennes chroniques, il semble résulter qu'on désignait ces impositions sous le nom de « quête » — *questa* — ou de « collecte ».

Ce que nous savons bien, par exemple, c'est que les administrateurs, au temps de Saint Louis, rendaient déjà chaque année, dans la seconde quinzaine de février, le compte de leur gestion devant des délégués spécialement élus à cet effet par les divers quartiers de la ville ; nous verrons plus loin de quelle façon se passaient les choses.

Avant d'aborder l'étude sommaire des recettes et des dépenses municipales au moyen âge, il n'est pas inutile de rappeler de quels éléments était composée la Commune du Château de Limoges et comment elle se gouvernait à l'époque à laquelle nous allons transporter nos lecteurs.

Les premières maisons du Château s'étaient groupées en dehors des murailles de la cité épiscopale, à l'ombre de la basilique de Saint-Sauveur où, devant l'autel de Saint-Pierre-du-Sépulcre, reposait, dans le tombeau qu'il s'était lui-même choisi, l'apôtre de la contrée, le premier évêque de Limoges, saint Martial.

L'abbé qui gouvernait le monastère construit auprès de la basilique, fut à la fois le protecteur et le seigneur de ce bourg ; celui-ci grandit assez rapidement, malgré les ravages des Normands qui le livrèrent aux flammes et, par deux fois, le pillèrent ; il s'enrichit grâce au commerce, à l'industrieux labeur de ses habitants, au passage des pélerins et des voyageurs, et la population se constitua bientôt en corps ayant à sa tête des chefs spéciaux pris parmi les membres de la communauté, mais toujours soumis à l'autorité de l'abbé de Saint-Martial. A l'origine, le représentant de ce prélat, le chevecier du monastère, assistait aux assemblées du corps de ville, les présidait vraisemblablement, avec les clés du sépulcre de l'apôtre suspendues au cou (1).

Plusieurs familles nobles possédaient, dans la petite ville,

---

(1) *Siquidem in diebus antiquis, capicerius sepulchri procedebat in publicum, cum de republica tractaretur, deferens in collo claves que modo ante corpus cernuntur apostoli, in catena pendentes, ad instar stolæ* (Labbe : *Novæ Bibliotecæ... Rerum Aquitanicarum Tomus* II, p. 333. *Continuation de la Chronique du prieur de Vigeois.*

des tours ou des maisons qu'elles tenaient en fief de l'abbé (1).
Celui-ci avait investi leurs membres de certains droits seigneuriaux, de la justice notamment, que ces officiers rendaient
au nom du monastère. Toutes ces prérogatives furent cédées,
sous réserve de l'hommage, à une date que nous ne connaissons
pas d'une façon précise, par un abbé au vicomte de Limoges (2);
ce seigneur, lui aussi, fit rendre la justice et percevoir certains revenus par des délégués, des vigiers, les mêmes peut-
être que ceux de l'abbaye, dont il ne racheta pas les droits; il
semble au reste que la Commune possédait une part de ces droits
et que les vigiers désignés par les bourgeois exerçassent leur
magistrature concurremment avec les vigiers du vicomte. Il
en est ainsi, selon toute apparence, vers le milieu du xiii^e
siècle (3).

Les chefs de la Commune, au nombre de dix d'abord, semble-
t-il, puis de douze — le xviie siècle le réduisit à six — étaient élus
pour un an par les cantons de la ville. Ils portaient déjà au
xiie siècle le nom de Consuls. Ils étaient assistés d'un conseil
permanent, formé d'un corps de notables au nombre d'une
soixantaine peut-être (certains actes nomment jusqu'à 55 ou 56
conseillers), élus par la population dans des conditions que nous
ignorons complètement. C'était le corps des *Prudhommes de
l'Hôpital* (4), dans la composition duquel entraient peut-être
pour partie d'anciens Consuls, après un nombre déterminé de
mandats remplis. Quand il s'agissait d'affaires d'une certaine
importance, à la municipalité ainsi constituée s'adjoignaient des
notables choisis dans les divers quartiers et désignés soit par
chacun de ces quartiers, soit par les Consuls. Enfin la Commune elle-même, c'est-à-dire la généralité ou, pour nous ser-
vir du mot consacré, l'*université* des habitants ayant le titre
de bourgeois, c'est-à-dire domiciliés depuis un an et un jour
au moins dans le « bourg de Saint-Martial », devenu le « Château de Limoges » et y jouissant des franchises communales

---

(1 et 2) *Sunt tamen per abbates.... alique (sic) de dictis domibus, terris et
here ditacgiis ab antiquo infeodata vel tradita in fidem et homatgium certis
nobilibus.... Prefati servitores Sancti Marcialis.... per se et per officiarios et
aliquandiu etiam per vigerios feudatos, premissa tenuerunt, exercuerunt et
explectaverunt, et deinde.... eadem sub fide et obmagio tenenda et explectanda
nobili vicecomiti Lemovicensi tradiderunt* (Mémoire de l'abbé de Saint-Martial
contre les Consuls du Château, fin du xive siècle, dans les *Mélanges Manus-
crits* de l'abbé Legros, t. III, p. 231). V. aussi *Annales manuscrites*, Limoges, Ducourtieux, 1872, p. 132, 133.

(3) V. Ach. Leymarie : *Histoire du Limousin, Bourgeoisie,* t. I, 2e partie, ch. 3.

(4) Hôpital, de *Hospitalis,* s'est souvent pris dans le sens de Commune ou
d'Hôtel-de-Ville, comme *hospes* dans le sens de citoyen, bourgeois, membre
de la communauté.

et de tous les droits politiques, était convoquée et décidait souverainement de toutes les questions importantes (1). Il va sans dire que tous les habitants n'assistaient pas aux assemblées de la Commune. Les pères de famille ou, pour parler d'une façon plus précise, les chefs de maison y représentaient tous ceux des leurs qui vivaient à leur foyer et sous leur autorité.

Les deux plus anciens textes où nous trouvions un indice de l'organisation en Commune des habitants du Château de Limoges, sont une phrase du cartulaire de l'église de Saint-Étienne de Limoges, relative à un procès entre l'évêque et Boson de Forcellas, porté en 1127 devant le tribunal des Bourgeois du Château(2), et un passage de la continuation de la *Liste des abbés de Saint-Martial*, commencée par Adémar de Chabannes, énonçant l'ordre donné aux Consuls par le dix-neuvième abbé, Amblard, mort en 1143, de construire une enceinte munie de remparts et de fossés (3).

La construction, la réparation et l'entretien des fortifications étaient en effet la charge principale de la Commune. Partout on voit les magistrats municipaux investis de cette mission qui constitue, en quelque sorte, leur office essentiel et crée la plus lourde charge de leur budget.

Qu'il nous soit permis d'ouvrir ici une parenthèse. Il nous a toujours paru peu conforme à la réalité des choses et au bon sens que le budget des communes, comme celui de l'État et des départements du reste, débutât par le chapitre des recettes. Qu'un père de famille, dont la volonté ne peut modifier sensiblement ses revenus ou le produit de son travail, commence par supputer ses ressources avant d'en arrêter l'emploi, rien de mieux : on ne saurait agir avec plus de sagesse et de prudence ; mais les recettes d'une communauté sont

---

(1) On trouve ces quatre éléments de l'organisation communale, ces quatre pouvoirs, si l'on veut, mentionnés dans un certain nombre d'actes de l'ancien Cartulaire du Consulat, conservé aux archives de l'Hôtel-de Ville de Limoges : *li Cossol deu Chasteu de Letmoges e li prodome tuith de l'ospital e li autre prodome de la vila et tostz lo potbles cuminalmen* (fol. 28, r°). *Cosdusma es en esta vila e chauza establida per los Cossols et per l'Ospital e per mais prosomes* (fol. 13, r° et v°, etc).

(2) *In quo placito, burgenses ejusdem Castri, in quorum presentiam placitabant, etc.* (Bibl. nationale, fonds Moreau, collection de Chartes, t. XLVIII, n° 38, et aussi Cartulaire de Saint-Etienne, man. latin n° 9193, copies de Dom Col).

(3).... *VIIIIX hujus loci abbas fuit dominus Amblardus... qui precepit consulibus ut facerent muros et fossata* 'Chroniques de Saint-Martial de Limoges, publiées pour la Société de l'Histoire de France, par H. Duplès-Agier, Paris, Renouard, 1874, p. 11).

presque toutes créées par les sacrifices de ses membres et ces sacrifices devant être précisément fixés par les nécessités évidentes et les besoins prévus, ce sont ces dépenses certaines et ces dépenses éventuelles que les délégués de la communauté devraient étudier d'abord. En plaçant le chapitre des recettes au commencement du budget, on renverse donc l'ordre naturel des idées et des faits. Pour protester à notre manière contre ce fâcheux errement, nous allons parler d'abord des dépenses auxquelles la Commune de Limoges eut à faire face dès la première période de son existence, et nous ne passerons en revue les recettes de la Maison de ville qu'une fois ses charges connues.

La plus grosse de ces charges était, nous l'avons dit, la construction, la réparation et l'entretien de l'enceinte fortifiée de la ville. Cette enceinte avait d'abord été peu étendue : on en ferait le tour en suivant les rues Fourie, du Consulat, Lansecot, la chaussée coupant la place de la Motte, les anciennes rues des Fossés, Croix-Neuve, Basse Croix-Neuve, la rue des Filles-de-Notre-Dame, la place Fontaine-des-Barres, les rues des Combes, Sainte-Valérie, Fitz-James, en traversant diagonalement la place de la République et en rejoignant la rue Fourie par la rue Saint-Nicolas, la place Fournier et la rue Mirebeuf (1). Encore enfermerait-on, dans ce circuit, les bâtiments primitifs de l'abbaye de Saint-Martial et le château du vicomte. Très anciennement, les Combes furent ajoutées à ce noyau. A la fin du xii⁰ siècle, les maisons se pressaient déjà autour du rempart. Il fallut élargir la ceinture des fortifications, et elle fut portée à peu près au périmètre des boulevards actuels. Neuf portes, pratiquées sous autant de tours, la défendirent : c'étaient celles de Mirebeuf, Boucherie, Vieille-Monnaie, Manigne, Banléger, Pissevache, Lansecot, des Arènes et Montmailler (2).

On conçoit quelle énorme dépense occasionna un pareil travail. Aussi les bourgeois mirent-ils de longues années à achever cette enceinte. Plus tard, les murailles durent être

(1) Les *Annales manuscrites* fournissent à ce sujet (p. 124) des renseignements assez précis, que confirment l'étude du terrain et les constatations faites au cours de quelques fouilles.

(2) L'existence de neuf portes au xiii⁰ siècle est attestée par ce passage d'un ancien registre de la Chambre des Comptes reproduit par Baluze. Armoire I, t. XVII, p. 83, 91, 92 : *claves novem portarum Castri.... domino Edwardo regi.... apportarunt.*

refaites en grande partie, au milieu du xive siècle et à la fin du xve notamment. Les Consuls obtinrent alors du roi et de l'autorité ecclésiastique des lettres déclarant que nul habitant de la ville, laïque ou ecclésiastique, ne serait exempté de la taxe levée pour les fortifications (1). De bonne heure, le monastère de Saint-Martial avait, du reste, consenti à prendre à sa charge une part de la dépense, et, aux termes d'une convention conclue en 1212 et qui mit fin à de longues querelles, l'abbé devait chaque année verser aux Consuls une somme de dix livres de monnaie limousine applicables à l'entretien et à la réparation des remparts (2).

Les Coutumes du Château de Limoges, dont la plus ancienne rédaction connue, remontant à 1212, nous est fournie par le vieux Recueil d'actes du Consulat conservé aux archives de l'Hôtel-de-Ville, constatent que les rues et voies publiques appartiennent au Consulat ; de là, la charge de les établir et de les entretenir en état de viabilité et de propreté (3) ; c'est le second article du chapitre des dépenses de notre budget municipal du xiiie siècle. On peut comprendre, dans cet article, les frais d'embellissement des places, plantation d'arbres, établissement de sièges, toutes dépenses déjà prévues par nos Coutumes au temps de Philippe-Auguste (4). Au seizième siècle seulement on verra paraître le *boueur* et sa charette.

La construction et la réparation des fontaines, aqueducs et égoûts motivent un troisième article (5). Il y avait à Limoges beaucoup de puits à cette époque ; la plupart, semble-t-il, creusés par des particuliers ; mais des conduites d'eaux importantes avaient déjà été exécutées. La fontaine d'Aigoulène

(1) Archives communales, GG, 208, n° 26.

(2) Historiens de France, t. xviii, p. 230 et 231. V. aussi le Cartulaire du Consulat, à l'Hôtel-de-Ville (fol. 87, r°) : *Lo cuminals deu chasteu de Lemotges, an X libras redens eu mas S. Marsal... e deu los hom a la octava de S. Marsal; e deu los hom demandar a l'abat o au chabescier, avant com en fezes peinhora.*

(3) *Los Cossols tenen e possedissen totas chauzas publicas e communas* (Cartulaire du Consulat, fol. 116, v°). *Fan, reparen e emenden los estancs e los pavamens* (fol. 117, r°). *Tallias..., pro edificatione et reparatione.... pontium et viarum et locorum similium* (Ord. des Rois de France, t. III, p. 62).

(4) *Los cossols.... fan cetges en las plassas e eus queyroys deu dich Chasteu euquals planten e plantar fan albres per razo de solombrar e de refreschar en temp d'estat [e] per la beutat deu dich Chasteu, quant lor platz* (Ib. fol. 117, v°). — Peut-être la murette qui entourait les *Andeix* n'avait-elle d'autre but que de fournir un siège aux passants.

(5) *Cosdumes es en esta vila que lo Cosolat deu adobar las fons* (Ib. fol. 76, r°).

paraît remonter à la période gallo-romaine, et si nous ne savons pas très bien quelle portion de la ville ont approvisionnée les prises très anciennement établies du côté de la route de Paris, de La Bastide et de Beaubreuil (1), nous apprenons, par les Chroniques de Saint-Martial, qu'Adalbaud, abbé de ce monastère vers 980, capta les sources de Combe-Ferrière (2), et en aménagea le produit pour les besoins des religieux et de la population établie autour du couvent. La fontaine de Saint-Pierre, amenée du plateau d'Encombe Vineuse, et qui paraît avoir remplacé un puits public, date, elle aussi, d'une époque assez reculée (3); les eaux de ces deux conduites alimentaient diverses fontaines établies tant à l'intérieur de l'abbaye que dans le Cloître du Marché, dans les Combes et au Queyroix.

Les égoûts, qui deviendront, à partir du xvie siècle, un danger permanent pour la ville et un souci de tous les jours pour l'administration municipale, ne sont pas encore l'objet d'une très active sollicitude. Quelques-uns seulement sont construits en galeries souterraines, et leur réseau serpente à travers le chaos déjà inextricable des caves et des souterrains qui s'étendent sous les maisons ; mais la plupart sont à ciel ouvert. Sur le versant Est, c'est le ruisseau de Jaumar, formé du reflux de la fontaine de Jaumar ou d'Enfer — plus tard déplacée et devenue, dès le xive siècle, la fontaine des Barres — qui est chargé d'entraîner les immondices et d'en débarrasser la voie publique ; sur le versant Sud, cet office est dévolu au reflux de la fontaine d'Aigoulène, qui nettoie la Boucherie et va porter ses détritus malsains, mais fertilisants, dans les jardins de la Croix-Verte.

Un étang baignait le pied des remparts derrière l'abbaye de Saint-Martial, près de l'établissement actuel des sœurs de Saint-Vincent-de-Paul et de la Banque de France ; il semble qu'un autre étang, une retenue d'eau quelconque ait existé à une date très reculée, vers l'extrémité nord-ouest de la place des Bancs, hors des murs. Peut-être n'était-ce qu'un simple barrage du reflux d'Aigoulène, destiné à remplir les fossés du château vi-

---

(1) Vergnes : notes sur les anciens aqueducs découverts aux environs de Limoges (*Bullet. de la Société archéologique et Historique du Limousin*, t. XXII, p. 5.

(2) Chr. d'Adémar de Chabannes et de Geoffroi de Vigeois

(3) *Ante fontem de Quadruvio* (*Chron. de Saint-Martial*, p. 301 et 307, et *Nécrologe de Saint-Martial*. A un répertoire de titres du chapitre de Saint-Martial, xviii° siècle, on trouve la fontaine du Queyroix désignée à un acte de 1245.

comtal. — Quoiqu'il en soit, en 1214, à la suite de divers incen-
dies, et notamment de celui qui, la même année, brûla vingt-
trois maisons dans la rue du Clocher, la communauté établit
au sommet de la ville, tout auprès de la Motte, deux bassins
à ciel ouvert destinés à retenir un approvisionnement d'eau
assez considérable et à fournir, en toute saison, des secours
contre le feu (1). L'entretien et la garde de ces étangs ajoutè-
rent un nouvel article au budget municipal.

La Commune dut, vers le temps même où elle réédifiait ses
murailles, construire un Hôtel-de-Ville. C'était sous l'administration de Raimond, abbé de Saint-Martial (1220-1245). Celui-
ci permit aux bourgeois de bâtir leur maison auprès de la « basilique d'Isembert » — la chapelle de Saint-Benoît probablement
— et de l'appuyer sur le mur ancien du cimetière (2). Le
modeste édifice s'élevait, autant qu'on puisse s'en rendre
compte, au fond de la rue Saint-Nicolas, sur les terrains
aujourd'hui réunis à la place de la République. Le grand
incendie qui, en 1255, détruisit ce quartier, brûla sans doute
ce premier Hôtel-de-Ville, et, en 1271, le Consulat paraît être
établi rue du Fossé, non loin peut-être de l'emplacement occupé
aujourd'hui par la Préfecture. Plus tard, on trouve les magistrats
municipaux réinstallés rue Saint-Nicolas; vers 1488 ou 1490 seulement, le siège de l'administration municipale est transféré
dans la rue Fontgrouleu, qui prend bientôt le nom de rue du
Consulat; il y restera jusqu'en 1786 (3).
La Maison commune n'est point une simple salle de délibé-
rations. Elle renferme, auprès de l'armoire qui contient les
chartes et archives du Consulat, l'arche où sont déposés les
fonds dont les magistrats doivent disposer pour la défense et
l'intérêt communs et qui, en 1508, n'a pas moins de vingt clés,
déposées entre les mains de treize notables (4); le local
où se gardent les armes achetées aux frais du public et destinées aux sergents de la ville, aux membres les plus pauvres de
la communauté et aussi aux miliciens que les Consuls sont
tenus de fournir soit au vicomte, soit au roi. On y voit encore

(1) *Annales manuscrites*, p. 189 et bibliothèque nationale, manuscrit latin
5452, f. 5).
(2) On trouve un acte de reconnaissance des Consuls à ce sujet (février
1230-1229, v. st.) au manuscrit latin 11019 de la Bibliothèque nationale, fol. 177.
(3) V. notre Notice sur les Hôtels-de-Ville de Limoges (*Almanach Limousin de 1882*).
(4) Registres Consulaires en cours de publication, t. 1, p. 21.

les sceaux du Consulat : petits cachets d'argent et grands sceaux
de cuivre (1), les registres de la cour, etc. Notons les frais
d'acquisition et d'entretien du mobilier de la Commune, après
les dépenses ayant trait à l'immeuble.

Les armes et les armures constituent un article spécial dont
la dépense ira grossissant avec le temps et les progrès des
engins de guerre. Peu à peu, aux machines rudimentaires dont
sont garnies les murailles, à ces balistes, à ces pierriers et à
ces machines de bois que nous voyons les Consuls établir en
1211 sur leurs remparts, pour repousser l'attaque prévue des
troupes de Philippe-Auguste (2), les bourgeois substi-
tuent une artillerie perfectionnée, et, semble-t-il, assez respec-
table. Au commencement du xvie siècle, les inventaires accu-
sent huit pièces de canon à l'arsenal de l'Hôtel-de-Ville, outre
celles qui sont à demeure dans les tours des portes, — et de la
poudre en conséquence (3). Vers la même époque, chaque
Consul nommé pour la première fois est invité à payer sa bien-
venue en faisant don à la Commune d'un canon. Dans
la seule année 1535, l'artillerie de la ville s'augmente ainsi de
quatre pièces (4). Notons que, dans le mois qui suit leur
entrée en fonctions, les magistrats doivent faire visiter et
réparer toutes les armes de la Commune (5).

Nous sommes loin d'être au bout de la liste des dépenses
municipales ordinaires. Les gages des agents de l'Hôtel-de-
Ville entrent dès lors pour une assez grosse somme dans le
budget. Leur nombre est fort restreint et la plupart sont payés
par les redevances qu'ils perçoivent eux-mêmes des citoyens,
dans l'exercice de leurs fonctions. — Ainsi les sergents parais-
sent avoir eu pour rétribution, comme les vigiers eux-mêmes,
une part des amendes ; les peseurs, mesureurs et gardiens des
portes, des droits levés en nature sur les denrées ; le clerc
ou greffier du Consulat, un léger droit payé pour l'apposition du
sceau communal ou l'expédition des actes ; les garde-portes une
part des droits perçus en nature sur les marchandises à l'entrée ou à la sortie.

---

(1) Reg. Consulaires, t. I, p. 22, 129, etc.
(2) *Populus Lemovicensis erexit X peireiras metu Philippi regis et muros
machinis ligneis munivit.* Chr. de Saint-Martial, p. 92.
(3) En 1523 : *Registres Consulaires*, t. I, p. 129.
(4) *Ibid*, t. II, p. 18.
(5) Acte de 1258 (Cartulaire du Consulat, fol. 60, r°).

L'histoire communale de Limoges se compose de cinq ou
six phases dont chacune révèle une organisation et un
degré d'autonomie très différents. Tantôt les Consuls et le
Vicomte vivent en bonne intelligence et se partagent l'exercice
du pouvoir, leurs officiers respectifs remplissant en quelque
sorte parallèlement leurs fonctions, comme dans la période
qui a précédé la guerre dite de la Vicomté; — tantôt la Commune devient presque une république indépendante et ses
magistrats jouissent d'une autorité fort étendue sous la souve-
raineté du Roi, par exemple au cours de la guerre avec le
vicomte, et plus tard, en 1365, après la restitution aux bourgeois de leurs privilèges par Edouard III d'Angleterre —
parfois enfin les libertés municipales s'éclipsent presque complètement, et le seigneur reprend possession de ses anciennes
prérogatives, élargies et renforcées aux dépens des franchises
et des coutumes des habitants. A ces diverses périodes
correspondent, on le comprend, des charges féodales différen-
tes. Aux époques de liberté, les bourgeois acquittent à peine
quelques cens et rentes sur un petit nombre d'immeubles et
quelques redevances insignifiantes (1). Aux jours d'asser-
vissement, au contraire, non seulement ils sont soumis à tous
les droits seigneuriaux : péage, leide du pain et du sel et
autres redevances; mais on leur enlève jusqu'à la possession
des remparts et des bâtiments communaux, de l'Hôtel-de-Ville
lui-même; ils ne prêtent plus le serment annuel entre les
mains de leurs Consuls : c'est à un officier vicomtal qu'ils
jurent fidélité au seigneur, non plus au Consulat (2). Enfin
ils sont soumis à la taille aux quatre cas, pour le montant de
laquelle ils s'empressent d'ailleurs de conclure avec le vicomte un abonnement, fixant cette redevance à mille livres
pour chaque cas (3).

La prison et le geôlier, le pilori et le bourreau sont les
attributs du pouvoir, et les Consuls, qui se disent toujours et
à certaines époques obtiennent d'être reconnus seigneurs,
haut justiciers de la ville, n'ont garde de s'en passer. La prison,
c'est une des tours de la ville, tantôt Bon An ou Pissevache,

---

(1) Nous ne parlons pas ici, bien entendu, des redevances dues individuel-
lement par les habitants au vicomte, redevances comprises dans les cens, rentes, leides, péages et autres, affermés en 1246 à Elie Bouillon, pour six ans,
moyennant 3500 sous, monnaie de Limoges, droits qui sont représentés
comme très dispersés et d'un recouvrement difficile (Arch. de l'Hôtel-de-
Ville. GG, 208, n° 73).
(2) Ordonnances des rois de France, t III, p. 56 et suiv.
(3) Vers 1290 (Bibl. nationale, m. français 18757, fol. 171 et 173, etc.

tantôt Montmailler ou Branlant, en dernier lieu la tour du Verdurier ; le pilori s'élève, au xive siècle, et vraisemblablement dès le xiii°, à une des extrémités de la place des Bancs, du côté du Vieux Marché. C'est là qu'on expose les condamnés, qu'on les fustige, qu'on leur coupe l'oreille, le nez ou le poing, suivant la sentence du juge. Les condamnations capitales semblent rares au cours de la première période de la vie communale ; la peine de mort est le plus souvent remplacée par le bannissement à perpétuité — *a tos temps.* —

Plus tard, en 1365, la Commune fait l'acquisition du Clos Tartan, sur le chemin d'Artrageras, paroisse de Couzeix, pour y installer des fourches patibulaires (1). Plus tard encore, vers 1498 ou 1499, on la voit traiter avec un paysan pour le rétablissement du gibet élevé près du pont de Saint-Priest (2). On peut conclure de ces deux textes que sur d'autres points extrêmes de la juridiction consulaire d'autres fourches avaient été plantées.

A ces articles, il faut en ajouter d'autres : les frais extraordinaires occasionnés par l'envoi de députés aux Etats Généraux, aux Etats Provinciaux, à la Cour, voire à Rome ; — dans les premières années du xiii° siècle, les Consuls envoyèrent un ambassadeur au Souverain· Pontife (3) — les dépenses de certains banquets, de certaines cérémonies, celles des procès soutenus par la ville, les frais de la réception du souverain, du seigneur, du gouverneur, du sénéchal, de l'évêque, etc.

Et les dépenses ayant un caractère religieux : messes et services solennels, processions, entretien du luminaire devant le tombeau de l'apôtre d'Aquitaine, honoraires du prédicateur du Consulat, gages de l'ermite et de la recluse qui, agenouillés dans leur cellule, aux portes de la ville, passaient une partie de leur vie à prier pour la prospérité de la Commune et de ses magistrats... chapitre chargé et touffu celui-là et qui, en raison de la foi de nos pères, n'était pas considéré comme le moins important du budget municipal.

A ce budget, nous n'apercevons pas d'article relatif à l'instruction publique. Cette charge incombe tout entière au clergé,

(1) Arch. de l'Hôtel-de-Ville, GG, 208, n° 45.
(2) Arch. dép. des Basses-Pyrénées, E 743, n° 82. Registre du notaire du Consulat (4 mars 1489 au 10 août 1499).
(3) *Hoc anno, obiit Rome Raimundus de Vayras, nuncius burgensium Castri Lemovicensis, qui ad curiam contra Bituricensem archiepiscopum G. et contra abbatem nostrum perrexerat* (Chron. de Saint-Martial, p. 76).

et les écoles de la place Saint-Gérald n'ont dû, on peut le supposer du moins, rien coûter au Consulat. Il faut croire toutefois que le Corps de ville n'est pas resté jusqu'au xvie siè-cle indifférent aux intérêts de cet ordre, ni étranger à ce qui y a trait, alors que nous voyons, longtemps auparavant, les bourgeois attacher une grande importance à la fréquentation de l'école. De plus on trouve, dans un vieil inventaire de l'Hôtel-de-Ville, mention d'un document relatif à la rétribu-tion payée, en 1367, par les écoliers aux régents des clas-ses (1) : ce qui permet de supposer que, dès lors, les magis-trats municipaux participaient, sinon aux frais de l'instruction, du moins à la direction des écoles et au choix des maîtres. Cette participation nous est affirmée, à la date de 1489, par un acte du registre du notaire de la ville portant : désignation, par les Consuls, de Léonard Convalètes dit Rigoulène (2), maître ès-arts et bachelier ès-lois, pour remplir, durant une année, l'emploi de directeur des écoles du Château de Limo-ges, — présentation de ce candidat au chantre de la Cathédrale et investiture du même, au nom de la Commune, par la remise d'un livre.

L'assistance publique a dès lors son budget ; mais sauf dans les années de misère exceptionnelle, où les Consuls sont obli-gés de lever des taxes spéciales pour subvenir aux besoins pressants d'une population affamée, c'est à des quêtes libres, faites soit par des notables, soit par des bourgeoises désignées par les Consuls (3) et surtout à des fonds spéciaux connus sous la dénomination significative *d'aumônes* qu'on a recours. Ces aumônes, dont il est souvent parlé dans les chartes com-munales, dans les registres de l'Hôtel-de-Ville du xiiie au xviie siècles, sont alimentées par des legs faits au Consulat avec affectation spéciale, par des rentes données et par le produit de certaines amendes. Les principales de ces aumônes sont celles dites *Pains de Noël* et *Aumônes Sainte-Croix*, qu'au xviie siècle on unira à l'Hôpital général : elles absor-

(1) Arch. Hôtel-de-Ville, GG, 208.
(2) *Die prima mensis maii.... Consules.... cerciorati de problitate et industria ac sufficiencia venerabilis viri magistri Leonardi de Convaletas, dit Rigolene.... eumdem tanquam sufficientem mandaverunt presenti venerabili viro domino cantori ecclesie Lemovicensis, ad sibi conferendum et traden-dum scolas hujusmodl castri, etc..., et eumdem in possessionem, in quantum in ipsis est, induxerunt per tradicionem quarumdam matutinarum* (acte n° 9).
(3) 1553. « Avons continué la bonne et charitable costume de faire lever la queste pour les povres honteux, necessiteux et malades.... en chacune pa-roisse, par deux femmes de deux maisons » (*Reg. Consulaires*, t. II, p. 18).

bent avant cette époque d'anciennes fondations dues à la géné-
rosité de quelques riches bourgeois : l'aumône des du Peyrat
— *Los Peiradeux* — celles de Philippe Audoin, de Guillaume
Maimbert, de Simon Borzes et de sa femme Alaïs, etc. Le
soin de procéder à ces distributions et de veiller à la conserva-
tion des rentes destinées à y pourvoir est confié, dès le temps
de Saint Louis, à des notables choisis par les Consuls et qui
sont préposés deux par deux à chacune de ces fondations (1).
Les antiques confréries des *Pauvres à vêtir* et des *Suaires*.
placées sous le patronage et aussi sous le contrôle des Consuls,
(on les voit, dès le milieu du xiiie siècle, révoquer le receveur
de la première et lui nommer un remplaçant), jouent leur
rôle et réclament leur place dans les institutions limousines de
bienfaisance au moyen âge (2). Enfin une grosse part de la
tâche qui incombe à la charité publique et privée est à la
charge des hôpitaux établis soit dans la dépendance des mo-
nastères, comme celui de Saint-Martial, soit avec le caractère
d'œuvres spéciales ayant des ressources propres, comme les
maladreries de la Maison-Dieu et de Saint-Jacques, l'hôpital des
Arènes, celui de Saint-Gérald et l'Aumônerie du Pont-Saint-
Martial.

Maintenant que les dépenses de la communauté nous sont
à peu près connues, il convient d'étudier les ressources dont
ses administrateurs pouvaient disposer pour y faire face.

Elles consistaient principalement, nous l'avons dit, en contributions extraordinaires — quêtes, collectes, tailles — assises
sur les biens meubles et immeubles des habitants, et levées
dans l'étendue de la juridiction consulaire. Le droit d'établir
ces impositions pour les besoins de la communauté est expres-
sément reconnu aux magistrats municipaux par les Coutumes, qui laissent, à cet égard, une latitude complète aux élus
de la population (3). Il est toutefois vraisemblable qu'à
moins d'urgence extrême, les Consuls convoquaient, dans les
cas où une levée extraordinaire de deniers leur semblait né-

---

(1) Ancien Cartulaire du Consulat, fol. 31 et 32.
(2) Voir notre notice sur *les Confréries de dévotion et de charité et les
œuvres laïques de bienfaisance à Limoges*. Paris, Champion, 1883.
(3) *Item, que los avandichs cossols, en son nom e de la dicha communitat.
fan, leven e demanden o requeren per se o per totz autres recoleccion ou tal-
thada a chascu en singular de la dicha communitat, de totas chauzas, tant
movatblas que non movatblas, quant n'auran mestier ni expedienssa o necessitat*
(Coutumes de 1260, Cartulaire du Consulat, fol. 114, r°).

cessaire, une assemblée générale de ville, tout au moins un certain nombre de notables de chaque quartier. Le rôle était dressé à l'Hôtel-de-Ville, par des prudhommes, en présence des Consuls. Tout au moins en est-il ainsi au xviie siècle (1).

Il ne paraît pas que les fonctions de receveur des deniers communaux aient été exercées, avant la fin du xviie siècle, par un agent spécial rétribué. Jusqu'à la création, par le fisc, de charges de ce genre en titre d'office, les chefs de la Commune déléguaient un d'entr'eux pour remplir ces délicates fonctions (2); on imagine aisément avec quel soin se faisait ce choix.

Les taxes municipales étaient sans doute perçues par les conseillers de ville chargés du recouvrement de la taille et des autres impositions réclamées par le roi, et que dès les premières années du xvie siècle (3), l'assemblée générale des habitants désigne au nombre de vingt : deux par quartier, après l'élection des Consuls. Ces collecteurs étaient aussi *partisseurs*. Ils assistaient donc les chefs de la municipalité dans la confection des rôles. Notons toutefois que des collecteurs spéciaux étaient nommés aux xvie et xviie siècles, pour percevoir certaines taxes extraordinaires. Ainsi, dans plusieurs années de disette, on délégua deux, trois ou quatre notables de chaque canton de la ville pour recueillir des offrandes à domicile et avoir soin des pauvres ; quand le roi envoya à Limoges des prisonniers de guerre, quelques prudhommes, choisis dans chaque quartier et remplacés tous les mois, eurent la mission de lever la taxe destinée à pourvoir à la subsistance de ces étrangers.

Il semble néanmoins que pendant longtemps les Consuls, assistés de leurs sergents et des prudhommes du quartier, aient procédé en personne à la levée des deniers. Le *Livre de raison* d'Étienne Benoist nous fournit à cet égard des indications précieuses et nous montre Etienne, consul en 1427, chargé à cette époque du recouvrement d'une taxe dans plusieurs cantons. Ce passage confirme certains textes peu explicites de notre vieux cartulaire municipal.

(1) L. Guibert : *Journal du Consul Lafosse* (1649). Limoges, Ducourtieux, 1884, p. 23.

(2) Voir notre édition du *Livre de raison d'Etienne Benoist* (1426). Limoges, Ducourtieux, 1882, p. 38, et le *Journal de Lafosse*, p. 9.

(3) *Lou dilus, XI° jour de decembre, l'an mil cinq cent huech, furen elegis conseilliers et partissours, etc.* (*Reg. Consulaires*, t. I, p. 22 et 23).

Il arrivait souvent qu'un contribuable, se trouvant dans l'impossibilité momentanée d'acquitter sa cote, le Consul ou le collecteur consentait à faire l'avance de la somme due, moyennant une garantie, le plus souvent la remise d'un gage (1).

Vis-à-vis des récalcitrants, la procédure n'était pas longue. Les Consuls se transportaient chez chacun des « refusants » accompagnés des sergents de l'Hôtel-de-Ville ou de miliciens requis pour ce service et les faisaient « exécuter » séance tenante. Ce procédé était encore d'un usage fréquent au xviie siècle, et le *Journal* de Jean Lafosse, consul en 1649, nous en fournit plusieurs exemples : un négociant de la rue Ferrerie, entre autres, Pierre Dubois, se refusant à verser au magistrat-receveur l'argent dont il est redevable, les Consuls se rendent à son domicile, escortés des capitaines et gagers de l'Hôtel-de-Ville. Le récalcitrant est droguiste et épicier : on saisit dans son magasin « quatre fromages, une boule de campêche, un demi-pain de vert de gris et trois bacs de cire ». Le tout est vendu, après un certain délai, en présence des Consuls; on verse à la caisse de la ville la somme due et le surplus est donné à titre de gratification à un huissier du Consulat (2).

Quand l'exécution prenait certaines proportions, qu'elle s'étendait par exemple à presque tout un quartier hostile à la dépense qui avait donné lieu à l'établissement de la taxe, les magistrats rencontraient parfois de la résistance. Il y avait à craindre des voies de fait, des procès, des vengeances de toute sorte. Les magistrats et officiers chargés de missions aussi délicates, demandaient à la Commune toute entière, l'engagement de les garantir contre toute violence, toute prise à partie. L'ancien cartulaire du Consulat nous fournit un exemple de ce fait : la Commune s'oblige, en 1264, vis-à-vis de l'un de ses magistrats, Martin Brunot, envoyé au-delà du Pont-Saint-Martial pour exécuter les gens qui n'ont pas payé la taille, à le garantir, lui et ses héritiers, de tout dommage à cette occasion (3).

---

(1) *Et agut l'argent per sertas gualges que yeu avia deves me de sertana gens de la dicha talha* (*Liv. de raison de Benoist*, p. 38).

(2) *Journal de Lafosse*, p. 21, 22, 37.

(3) *Renembransa sia qu'en Martis Brynotz, anno Domini millesimo CCᵒ LXᵉ quarto, quant eu meimes era cossols, a la pregieira de sos companhos, anet penhorar ostra lo pont S. Marsal, las gens deu pont qui devien talhada. Et si dampnatges degus ni enois n'avenia a lui o au sos, lo cuminals d'esta vila los en deu guardar de tot dan* (Cartulaire du Consulat, fol. 40, rᵒ).

Souvent, la même garantie était promise par l'assemblée générale des habitants aux Consuls et aux membres du Conseil de la ville qui avaient administré dans des circonstances difficiles et levé de grosses impositions. On trouve plusieurs exemples de ce fait au temps de la lutte de la Commune avec le vicomte (1).

Si les Consuls avaient à acquitter pour le compte de la Commune certains droits seigneuriaux auxquels elle était assujétie, ils percevaient d'un autre côté, en son nom, des redevances assez variées ayant également un caractère féodal. Ainsi, en 1224, ils perçoivent des prudhommes de Boucherie 8 sous 4 deniers de cens, sur les fosses de Palvézy, où les tanneurs de ce quartier font tremper leurs cuirs; il est vrai que par contre ils paient une rente au seigneur. — Dès 1218, le vicomte leur abandonne les droits à acquitter par les nouveaux bancs charniers et les nouveaux étaux de boulangers établis sur la place du Marché (2); mais ils revendiquent la propriété et les revenus de tous les étaux sans exception, et les Coutumes approuvées par le roi d'Angleterre Henri III en 1260 (3), et plus tard les ordonnances de Charles V les leur concèdent.

Les Consuls percevaient, peu après le milieu du XIII° siècle, la moitié de la leide du Château de Limoges : on appelait ainsi un droit qui se levait sur les denrées amenées dans la ville pour être vendues et qui frappait notamment le sel, les farines, les pains, les fromages, les œufs, les fèves et les pois. Avaient-ils acquis ce droit soit de l'abbé ou du vicomte, soit des officiers auxquels il avait été inféodé? S'en étaient-ils emparés au moment de leur révolte contre Gui VI? Nous ne saurions le dire. Toujours est-il qu'en 1269 nous voyons l'Hôtel-de-Ville traiter avec les possesseurs de l'autre moitié de la leide : Faulcon Aubert, et Pierre son fils (4), pour l'ac-

---

(1) *Li prodomes de l'ospital, tuih essemps, a una votz, se son accordat que de totz los debtes, e de totz los covens et de totas los promissios e de totas las autras chauzas qu'en J. deu Peirat de la Claustra, etc... an faih en lor cossolat, lo cuminal e totz lo pobles d'esta vila los en gart de tot dan, eus e lors eretiers, e de tot trebail et de totas messios*, 1274 (*Ibid*, fol. 40, v°).

(2) *Dos Guis, lo vescoms de Lemotges, donet e autreet la creichensa deus banx deus mazeliers e deus pestors au cuminal de la vila per tos temps* (*Ibid*, fol. 88, r°).

(3) *Li dich cossols an bancs eusquels vent hom pas e charns, e d'aqui li dich cossols leven e receben chasque an rendas* (Coutumes, Cartulaire du Consulat, fol. 116, v°).

(4) Arch. de l'Hôtel-de-Ville, GG, 208, n° 47.

censement de ce droit dont les produits se trouvent ainsi
dès lors entièrement versés à la caisse municipale.

Encore un autre droit seigneurial qui paraît avoir été très
anciennement possédé par la Commune : le monnayage. On
ne sait rien de très précis à cet égard, car des particuliers
possédaient certaines redevances sur les espèces frappées : mais
les Coutumes consacrent le caractère communal de la fabri-
cation des deniers dans le Château (1), la prérogative des
Consuls d'instituer un garde de la monnaie (2) ; et un titre,
conservé jadis aux Archives de l'Hôtel-de-Ville, établissait
que « la quarte partie du proffict de ladicte monnoye » appartenait au Consulat (3).

Les droits de sceau et les amendes de justice et de police comp-
tent parmi les produits utiles de la seigneurie. Ce devait être
là, autant qu'on puisse en juger, un des articles importants
des recettes de la maison commune. On trouve les bourgeois
en possession d'un sceau dès 1202 (4), et ils jouissent vraisemblablement de cette prérogative à une date bien anté-
rieure. Quant aux amendes, qui sont désignées sous la dénomination d'*emendas* ou de *pechas*, il en est souvent parlé
dans nos chartes municipales. Les peines pécuniaires pronon-
cées soit par les sentences particulières soit par les ordonnances générales du Consulat sont parfois très élevées Les
règlements somptuaires du XIIIe au XVe siècles, édictent des
amendes de cent sous à vingt livres (5). Une décision admi-
nistrative de 1257 interdit à Philippe Nègre d'aller à aucun
marché ou foire sous peine de *cent livres*, que les magistrats
municipaux devront exiger sans merci, s'il viole cette défense (6). — Une livre équivalant alors à vingt francs, cent
livres représenteraient deux mille francs, soit au pouvoir de
l'argent d'alors, de douze à quinze mille francs au moins d'à
présent.

A la même catégorie de produits appartiennent les lods et
ventes dus au seigneur par l'acquéreur d'un héritage. Les
Consuls perçoivent ce droit, mais seulement lorsque l'acquéreur n'est pas « de la Coutume de Limoges ». La quotité de
cette imposition est fort élevée : trois sous pour livre de la

---

(1) Cart. du Consulat, fol. 78 v° et 123.
(2) *Id.*, fol. 302.
(3) *Id.*, n° 77.
(4) *Id.*, n° 23.
(5) Cartul. du Consulat, fol. 143 v°, 145 r°, 151 r°.
(6) *Id.*, fol. 34, r°.

valeur de la chose vendue (1), soit 15 p. °/₀ ; les droits de mutation les plus élevés, perçus aujourd'hui par le fisc, n'atteignent pas ce taux.

Il faut rapprocher de ces droits certains produits de voirie, entre autres une redevance, réclamée dès 1212, des propriétaires qui construisaient des maisons en bois ; les bâtiments en pierre n'y étaient point assujétis (2). A une date fort ancienne, la jouissance des carrières de Saint-Lazare, dont l'abbé de Saint-Augustin était seigneur foncier, appartenait aux Consuls et ils pouvaient y extraire de la pierre pour tous les besoins de la communauté (3). Ce droit, que nous trouvons constaté à une charte de 1218, l'Hôtel-de-Ville en est encore en possession dans les dernières années du xv⁰ siècle, comme en témoignent plusieurs registres de notaires.

Au xiv⁰ siècle, la Commune afferme la jouissance de certaines propriétés communales : le pacage des prés vicomtaux, par exemple, loué à la corporation des bouchers moyennant le paiement, par chacun, d'une maille par semaine. Les Raynaud seuls sont exceptés de cette redevance, peut-être en reconnaissance du legs fait à la ville par l'un d'eux et dont nous allons bientôt parler (4).

La plupart des dons et legs que recevait le Consulat étaient nous l'avons dit, destinés à des œuvres de bienfaisance déterminées, aux aumônes de Sainte-Croix et aux pains de Noël en particulier, ou encore à ces distributions de fondation très ancienne, semble-t-il, et qu'on faisait aux pauvres et aux couvents, chaque année, le jour même de l'élection des Consuls (5). Néanmoins, il n'était pas rare que de bons citoyens songeassent, dans leurs dernières dispositions, aux besoins et aux charges de la communauté et fissent un legs à l'Hôtel-de-Ville, afin de contribuer encore après leur mort au bien-être de tous, à la beauté ou à la commodité de la ville, à la défense générale. La Commune était comme une grande famille, et

(1) *Totz hom qui vendria terra o maiio o renda a degun home qui no fos de la Codume deu Chasteu de Limotges, li Cossol deven penre* III *sol. de chascuna lieura d'aitan cum aquelas vendas montarien* (Cartulaire du Consulat, fol. 78, r°).

(2) Cartulaire du Consulat, fol. 77, r°. Le sens n'est pas bien certain.

(3) *Sos S.-Lazer, hon la peirieira es deu Cossois Castri Lemovicensis... li Cosol hi deven peira trahire quant obs lor er* (*Ibid*, fol. 88, r°).

(4) *Chasque mazelier deu Chastel de Lemotges, exceptat los Reynaus, deu pagar chasque dieumenc. per cauza deu paycer que han eu prat vescomtal tot l'an, tantost quant lo fe n'es ostat, say que en mars enseguen, mealha* (*Ibid.*)

(5) Cartulaire du Consulat, fol. 31 et 32.

l'approche de la mort fournissait à ses membres une occasion
d'affirmer encore une fois leur dévouement à la chose publique.

C'est ainsi qu'en 1270, Gérald Brunaud, marchand de
Limoges, lègue au Consulat dix sous pour aider au rachat de
la fontaine du Tourondeau, au faubourg de Pissevache (1);
qu'en 1362, Barthélemy Raynaud donne à la Commune et à
ses magistrats sa maison de La Porte, pour y établir soit
l'Hôtel-de-Ville soit tout autre service municipal (2); qu'en
1429, Poncet Reynier laisse une somme de cent sous pour la
construction des murailles (3).

Certaines rentes, que la Commune possédait dès le milieu
du xiii* siècle, (elle en avait acheté une partie et elle
devait le reste à la libéralité de divers particuliers, celles entre
autres laissées par Elic Amiels (4) sur le clos de J. Alpais, sur
une maison d'Aigoulène et sur une autre de la place des Bancs)
pouvaient avoir été acquises ou données en vue d'aider à la
construction ou à l'entretien de l'enceinte, ou de contribuer à
certaines dépenses communes. Même après la défaite des
bourgeois, en 1275, la propriété de ces rentes fut reconnue
au Consulat; toutefois il lui fut interdit d'en acquérir de nouvelles sans l'autorisation spéciale du vicomte (5).

La caisse municipale était souvent vide. Les Consuls faisaient les avances nécessaires, en justifiaient dans leur compte
et devenaient créanciers de la ville pour le montant de leurs
déboursés. Parfois on leur abandonnait, pour les payer, la
ferme de certains revenus, jusqu'à complet paiement. Le plus
souvent, la liquidation de ces comptes était pénible et les
Consuls ne rentraient qu'avec peine et après de longs
délais dans leurs déboursés.

Lorsqu'il s'agissait de grosses sommes, on les obtenait à
l'aide d'un emprunt volontaire, ou, si les offres faisaient défaut,

---

(1) *Ad fontem de Tourondeu, de barrio de Pischavacha, recuperandam
lego decem solidos* (Arch. Haute-Vienne, liasse 8372, classement provisoire).

(2) *Domum meam... lego perpetuo dominis Consulibus et ville Castri Lemovicensis et communitati ejusdem, pro tenendo et faciendo ibidem, si velint, con-
sulatum seu officium consulatus et consilium ville seu Castri predicti, vel alia
negocia dicte ville* (*Ibid*, liasse 3334).

(3) *Lego edifficio murorum Castri Lemovicensis centum solidos monete cur-
rentis* (Arch. Haute-Vienne, fonds de la communauté des prêtres de Saint-
Pierre, liasse diverses).

(4) Cartulaire du Consulat, fol. 87, r°.

(5) *Vineas vero et alios reditus in fundis, vineis aut domibus assignatos
quos emerant et levabant antiqui consules, percipiant et moderni, per preposi
tum et ipsos, in communia ville commoda convertenda.... Deinceps vero ali-
quos redditus nomine consulatus acquirere non poterunt, nisi de vicecomitis...
licentia speciali* (Ordonnances, t. III, p. 62).

d'un emprunt forcé, réparti sur les citoyens les plus aisés et dont répondaient les revenus de la ville. Ces emprunts, auxquels on recourait souvent, non-seulement pour parer aux dépenses municipales, mais pour payer certains subsides réclamés à bref délai par le roi ou ses officiers et dans des moments difficiles, étaient une cause incessante de désordres et de retards dans la gestion des finances communales.

La municipalité rendait ses comptes chaque année. Le règlement pour l'élection des Consuls, arrêté en assemblée de ville, au mois de février 1251, explique minutieusement comment se doivent passer les choses :

Deux jours avant la Saint-Pierre de février, les Consuls s'assembleront avec les Prudhommes de l'Hôpital dans la maison du Consulat, où les attendront huit notables, élus chacun par un des quartiers. Les Consuls se retireront dans une pièce séparée avec ces notables et leur rendront un compte détaillé de leurs recettes et de leurs dépenses. Pendant ce temps, le Conseil de l'Hôpital demeurera en permanence, prêt à statuer sur les difficultés qui pourront surgir. Les huit prudhommes lui verseront l'excédant de recettes qu'ils auront reçu des Consuls (1).

On n'a pas conservé les anciens livres de comptes du Consulat. Nous savons, par un passage du *Journal* de Lafosse, qu'au milieu du xviie siècle, le registre était encore attaché par une chaîne à la table de la Chambre du conseil (2) : la tradition devait remonter aux premiers temps de la vie municipale à Limoges.

Quant l'administration devait quinze mille sols, les Consuls en fonctions étaient tenus de se mettre en mesure, avant l'installation de leurs successeurs, d'acquitter cette dette au moyen d'une taxe approuvée par les Prudhommes de l'Hôpital. Sinon, ils en devenaient personnellement responsables. Tout au moins se trouvaient-ils obligés de faire sur leurs deniers l'avance de la somme (3).

(1) *Deven a part a aquestz* viii *prodomes chauzits redre compte de tot aquo que auran receubut ni despendut, en tal que manieira que o aien agut, despendut ni mes* (Cartulaire du Consulat, fol. 28 et suiv.)

(2) *Journal de Lafosse*, p. 38.

(3) *Cosdumna es en esta vila que lai ont lo Cossolat deura* xv *milla s. l., li Cossol qui seran au jorn deven far la leva abanz que metan autres Cossols e no deven issir deus cossolat sai que la hahand facha e deslivrada; e si n'issien part los* xv m *numpnaz dessus, que los laissessun de depte, deven o payar deu lor... E lai und faran la leva am cosseil de l'ospital, il son qite* (Cartulaire du Consulat, fol. 76, r°). Le texte des Coutumes de Henri iii et d'Edouard iii (fol. 123, r° et 124, n°, étend et commente cet article de la rédaction primitive.

La sentence arbitrale des Maulmont, qui termina la guerre de la vicomté, était, nous l'avons dit, toute en faveur de la vicomtesse Marguerite. Elle jetait la Commune épuisée à la discrétion de ses seigneurs et la dépouillait de ses privilèges les plus incontestés. L'autorité des Consuls, diminuée et humiliée, s'exerçait sous la direction et le contrôle du prévôt du vicomte. A cet officier était dévolue la présidence des assemblées; à lui les Consuls devaient rendre leurs comptes (1), avec lui seulement et sous sa direction ils pouvaient lever des tailles pour payer au seigneur ce qui lui était dû, lui rendre honneur ou subvenir aux *besoins évidents* de la communauté, tels que la réparation des murs, tours, portes et fortifications, des fontaines, des ponts, des voies publiques, — pour l'acquit des dettes de la ville (2), et pour la distribution des aumônes traditionnelles connues sous le nom de *Charités*. Dans ce cas, la *collecte* était levée sur toutes les personnes ayant des biens dans le Château. Au vicomte seul, étaient déclarés appartenir tous les droits seigneuriaux et la justice dans toute l'étendue de la ville et de la châtellenie.

Cet état de choses ne put longtemps se maintenir, et peu à peu les Consuls rentrèrent en possession de certains privilèges ; mais leur revanche ne fut complète et ils ne redevinrent les vrais seigneurs de la ville qu'après le retour de Limoges au roi d'Angleterre. au lendemain du désastre de Poitiers. La vicomté de Limoges appartenait alors à Jeanne de Penthièvre et à son mari Charles de Blois, l'infortuné champion de la France dans la guerre de la succession de Bretagne. Les bourgeois n'eurent pas de peine à obtenir du prince de Galles, avec de l'argent, la reconnaissance entière et solennelle de toutes leurs vieilles libertés. Non seulement le roi Edouard III confirma les Coutumes approuvées par Henri III en 1260, et la libre élection de leurs magistrats fut rendue aux Limogeaux ; mais dans la mémorable séance du 5 décembre 1365, le sénéchal

(1) *Dicti Consules de perceptis et expensis suo tempore, per octo dies ante finem consulatus sui, preposito... vocatis secum aliquibus probis hominibus de villa, reddant legitimam rationem* (Ordonnances, t, III, p. 64).

(2) .... *Ex causa rationabili et pro evidentibus ville necessitatibus, scilicet pro juribus et deveriis seu redevenciis vicecomitis... solvendis atque reddendis et obsequiis sibi prestandis, ac pro faciendis elemosinis illis antiquitus institutis que caritates vulgariter appellantur vel edificatione seu reparatione murorum, turrium, portallorum, fossatorum et aliorum fortaliciorum, et fontium, pontium et viarum et locorum similium, cum vicecomiti qui pro tempore fuerit, cujus utique predicta sunt propria, predicta edificari aut reparari placuerit, aut pro debitis suis rationabilibus...., taliam seu collectam facere poterunt* (*Ibid*, p. 62).

2

Thomas de Rooz remit les Consuls en possession des remparts, de l'Hôtel-de-Ville, des marchés, de la police, de la justice, et on leur abandonna tous les droits dont jouissait auparavant le vicomte. Quand ils se donnèrent à la France, en 1371, ce ne fut qu'après avoir traité directement avec Charles V et obtenu de lui la ratification de tous les privilèges concédés six ans plus tôt par le roi d'Angleterre. Ils se firent reconnaître, avec la seigneurie, tous les cens, rentes, revenus, péages, maisons, moulins attribués au vicomte par la sentence de 1275, l'emplacement même de l'ancien château de la Motte ; le prince leur accorda de plus le privilège d'établir le *souquet* sur le vin (le douzième du vin vendu au détail), et d'imposer de quatre deniers pour livre, chaque fois qu'ils le jugeraient nécessaire, toutes les marchandises vendues dans la ville (1).

Dans ces conditions, les bourgeois se trouvèrent maîtres d'établir, comme bon leur semblait, leur système d'impôt. Les Limousins du moyen-âge pensèrent, comme ont jugé les Américains de notre temps, que les taxes payées par les étrangers sont, pour une ville ou un État, la meilleure des ressources, et ils s'arrangèrent de façon à faire peser sur les marchandises importées la presque totalité des charges municipales. Nos aïeux avaient, à un degré éminent, l'esprit pratique : on l'a dit souvent, mille détails l'attestent.

La Commune commença par décider et déclarer solennellement que tous les habitants du Château de Limoges seraient à perpétuité exempts de péage, barrage, chavage, vinage (2). Ce principe une fois posé — c'était en février 1374 — (1373, vieux style) ils établirent un tarif de péage qui fut appliqué à dater de 1377, et dont le vieux cartulaire du Consulat nous a conservé une copie très bien calligraphiée (3).

Les droits d'entrée étaient ainsi fixés :
Blé (*la charge ou la charretée*) : 1 maille (4) ; — pommes,

(1) Arch. de l'Hôtel-de-Ville, GG, 200, n⁰ˢ 27 et 42 des *Annales manuscrites*, p. 278 et suiv.

(2) *Li Cossols deu Chastel de Lemotges de l'an m. ccc. l xx e iii.... a xxᵉ jour de feurier, de la voluntat e consentimen du commu sur so apellat e present, valgren, outreerent e cossentiren que tot li habitans deu chastel.... fossan perpetualment exemps e francs e quitte deu peatge, baratge, e chavatge e vinatge que se levaven eu dich chasteu* (Cartulaire du Consulat, fol. 134, vᵒ et 135, rᵒ).

(3) Ancien Cartulaire municipal, fol, 152, rᵒ à 162, vᵒ.

(4) La livre tournoise à cette époque, vaut 10 fr. 72 c., quelque 60 fr d'aujourd'hui ; le sou, 0 fr, 53 c. 1, environ 3 fr. d'à présent ; le denier, 0 fr. 0446 26 centimes environ. La maille valait la moitié du denier.

pêches, figues nouvelles (*la charge*) : en nature, quarante ; — aulx, *apportés par bêtes* : en nature, demi tresse ;
oignons (*la charge*), en nature, quarante ; — noix (*la charge*),
une maille ; — poires (*la charge*), une coupe comble — la
coupe était la seizième partie du setier ; — poivre, gingembre,
cannelle, carmin, alun, safran, girofle (*le quintal*), 2 deniers.

Vin (*la charge*), une maillle ; — vinaigre (*la charge*), une
maille ; — huile (*la charge*), 1 d.

Poisson frais (*la charge*), 1 d. ; — poisson salé (*la charge*),
2 d. ; — sèche (*la charrette*), 12 d., (*la charge*), 2 d.

Bœuf, 1 denier ; — vache avec ou sans veau ; bouc, chè-
vre (le chevreau non compté), 1 maille par tête ; — moutons
et brebis (agneaux non comptés), par douzaine, 3 deniers ;
— porcs et truies (porcelets non comptés), par tête, 1 maille.

Fromages du pays, exempts ; — fromage du Poitou (*la
charge*), 1 denier ; *si un homme « les porte au cou »* exempt.

Cire (*le quintal*), 4 deniers ; *si le marchand « la porte au
cou »*, une maille.

Coton filé ou à filer (*le quintal*), 2 deniers ; grosse toile (?) —
cordat, — (*la charrette à un cheval*), 4 d. ; *à deux*, 5 d. ;
à trois, 6 d. ; — laine (*la charge*), 1 d., *la charettée* comme
la filasse ; — Corde, poix ou résine (*la charge*), 1 d. ; chan-
vre en nature, 1 livre.

Vieux linge (*le quintal*), 2 deniers.

Drap de France (*la charge*), 3 d. ; *deux ballots*, 2 d., *la
charrette à un cheval*, 9 d. ; *la charrette à deux chevaux*,
15 d. ; *à trois chevaux*, 18 d. ; — drap d'Etampes (*la charge*),
1 d., plus tard 3.

Toile (*la charge*), 1 d. ; — mercerie (*la charge*), 2. d.

Cuir vert, *salvatge* (*la charge*), 8 d. ; — plume (*la charge*),
6 deniers.

Cuivre et mitraille (*la charge*), 2 d. ; — fer, acier, 1 d. ; —
étain et plomb, 1 d.

Chaux, exempte.

Certains objets n'étaient soumis aux droits de péage que
pendant le mois de juin et spécialement durant les semaines
qui précédaient la grande foire de Saint-Martial. Pendant
cette période seulement, la charrettée de bois de charpente
ou de merrain acquittait une taxe d'une maille ; la charge de
tan ou de bûches, une taxe d'un denier ; le marchand qui por-
tait du tan ou de la laine au cou payait une maille en juin,
mais une seule fois pendant le mois. Ces droits étaient tout
ce qui restait de redevances spéciales sur les marchandises
conduites à la foire de Saint-Martial, mentionnées dans la
première moitié du xiii° siècle et rachetées par la Commune.

Détail à noter : les bourgeois voulaient bien tirer le plus
d'argent possible des étrangers, mais ils n'entendaient pas
que les droits d'octroi eussent pour effet d'augmenter dans
une proportion trop notable le prix des denrées ou marchandises quelconques destinées à être consommées, ouvrées ou
utilisées dans leur ville. Ils avaient donc fort ingénieuse-
ment divisé le péage en deux parts égales, l'une se payant à
l'entrée de l'objet dans le Château de Limoges, l'autre étant
acquittée à la sortie par les marchandises vendues. De cette
façon, toutes les denrées qui demeuraient dans l'enceinte des
murailles avaient payé moitié moins que celles qui en sor-
taient : l'entrée seule grevait le prix de ces denrées, puisque
le second droit n'était réclamé qu'au moment où l'acheteur
étranger emmenait ou emportait son acquisition. Il faut ajouter que cette manière de procéder avait aussi l'avantage de
faire paraître la contribution moins lourde, en en divisant la
charge entre deux personnes : le vendeur et l'acheteur.

Ainsi la charge de drap ordinaire de France, qui avait
payé trois deniers à l'entrée, payait encore, s'il était vendu,
3 deniers à la sortie et la charrette à deux chevaux, pleine
de la même marchandise, avait à acquitter quinze deniers à
la sortie comme à l'entrée ; la charge de mercerie était taxée
deux deniers à la sortie comme à l'entrée ; la charrette de
grosse toile, quatre deniers ; la charge de toile, un denier ; le
vieux linge, un denier ; la charge de plume, six deniers ; l'étain
et le plomb, un denier ; le cuivre et la mitraille, deux deniers ;
la charge de vin, une maille ; les animaux de boucherie, une
maille ou un, deux ou trois deniers, suivant l'espèce ; le poisson,
deux deniers. Pour certains objets, le droit de sortie était moins
élevé que le droit d'entrée. Ainsi la cire, taxée à quatre deniers
le quintal à l'entrée, n'acquittait qu'un denier à la sortie ; le
cuir vert, taxé à huit deniers la charge à l'entrée, n'en devait
à la sortie que trois. Cette mesure s'appliquait évidemment
aux matières que les bourgeois avaient besoin d'avoir en
abondance, pour alimenter leurs industries, ou dont ils voulaient, pour des raisons particulières, faire de leur ville un
grand marché.

La perception des péages avait lieu, au moyen-âge, aux
portes de la ville ; on en fit murer la moitié et on ne laissa
subsister que quatre entrées pour faciliter cette perception
et celle d'autres taxes réclamées par le roi ; mais l'acquit d'un
droit à la sortie sur les marchandises vendues ne grevait en
aucune façon les bourgeois domiciliés *extra muros*, les habi-

lants, par exemple, des faubourgs ou du Pont-Saint-Martial, puisque tout homme « de la Coutume » était affranchi des péages.

Après le droit de péage, il faut parler du vinage et du barrage : par le premier, l'étranger vendant du vin dans la ville était assujéti au paiement d'un demi-setier par tonneau. Le *barrage,* ancien droit seigneurial levé sur la circulation et destiné à indemniser le seigneur de la garde ou de l'entretien des chemins, consistait dans l'acquit d'une somme de deux deniers, une fois la semaine, par charrette chargée ; d'un denier par grosse bête et d'une maille par âne.

La *leide peineuse,* qui avait été aussi concédée aux bourgeois par Charles V, était un péage analogue à ceux du mois de juin, et elle ne se percevait qu'une fois par an et d'une façon assez compliquée. Un mercier étranger, menant une bête, payait une fois l'an deux deniers et une maille ; quand il y avait plusieurs marchands appartenant à la même famille, à la même maison, le premier, en payant, affranchissait les autres ; un marchand portant sa marchandise au cou payait, une fois l'an, un denier et une maille. Si l'on passait sans vendre, on était exempt. Les marchands de marmites donnaient une marmite pour chaque bête chargée et pour chaque voyage, quel que fût le nombre des bêtes et des gens ; la cire était soumise, une fois l'an, à un droit de deux deniers et une maille ; le lin, même taxe ; faulx ou faucilles, même taxe ; menus outils de bois, écuelles, quartes, éminaux, paniers, même taxe ; fromages étrangers, portés à dos de bête, une fois l'an deux deniers et une maille ; charretée de cercles, un denier et une maille. — Les animaux étaient soumis à des taxes variant d'une maille à quatre deniers ; mais ces taxes n'étaient réclamées par les agents du Consulat qu'autant que les bêtes avaient été vendues.

Quand les franchises et les privilèges de la Commune lui furent enlevés, la royauté conserva aux administrateurs de la ville le droit de lever un péage sur les denrées et les marchandises à leur entrée. Ce péage fut appelé impôt d'octroi, parce qu'il provenait d'un don spécial et gracieux, d'un octroi du roi. Seulement la ville dut verser à l'État une partie du produit de cette taxe.

Nous avons énuméré les principales dépenses et les principales recettes qui constituaient, au moyen âge, le budget

.municipal; quant à chercher à supputer à quelle somme a pu s'élever chaque article à diverses époques, c'eût été, sauf pour deux ou trois, un travail de pure imagination, et ce n'est pas ce que nous entendons faire ici.

Aucun document, en effet, ne nous a fourni jusqu'ici la teneur même et les chiffres d'un budget de l'Hôtel-de-Ville au moyen âge. Toutefois, un registre d'actes, tenu de 1489 à 1499, par le notaire du Consulat et conservé aux Archives des Basses-Pyrénées, permet de fixer le montant, à cette époque, d'un certain nombre d'articles en recette et en dépense du budget ordinaire de la ville, dans les dix dernières années du XVe siècle : ces chiffres doivent se rapprocher beaucoup de ceux que nous trouverions pour l'an 1350 ou l'an 1450 aux livres de son prédécesseur, si ces livres nous avaient été conservés.

Les dépenses ordinaires, à cette époque, consistaient surtout dans les gages des officiers et agents divers de la Commune. Le juge civil des Consuls recevait cinquante livres par an (1); le juge criminel, quarante livres, plus dix pour le pesage du pain (2); l'avocat de la ville, 10 livres; le procureur, probablement la même somme; chacun des quatre garde-portes. de quinze à vingt livres; le greffier criminel, douze livres; le greffier civil, vraisemblablement un peu plus; chacun des sept gagers de la ville, dix sous par mois, soit six livres par an (3). Le Consulat leur fournissait de plus des armes et une livrée, consistant principalement en une robe aux couleurs de la ville « mi parti rouge et pers » (bleu).

Le registre dont il s'agit ne nous donne aucune indication précise sur les autres dépenses communales.

Quant aux recettes ordinaires, qu'en 1558 les Consuls prétendent ne pas excéder 1000 livres (4), elles étaient alors surtout fournies par les produits de la ferme des divers droits dont la jouissance avait été concédée à la ville, et par le revenu des biens communaux, amendes et autres, désignés plus tard sous le nom de Revenus patrimoniaux.

La ferme du *Fay mi drech* (5) ne produisait pas moins de quarante à cinquante livres; celle du charbonnage, droit de créa-

---

(1 et 2) Les deux indications nous sont données par des actes de 1504, insérés aux registres du Consulat t. I, feuille additionnelle et p. 3.

(3) En 1489, la livre vaut 5 fr. 57, soit 27 fr. 90 d'aujourd'hui, en admettant que le pouvoir d'acquisition de l'argent fut alors cinq fois plus grand.

(4) *Registres Consulaires*, t. II, p. 151.

(5) Il s'agit peut-être d'un droit perçu sur les requêtes ou les actes introductifs d'instance devant le Juge des Consuls.

tion récente alors, semble-t-il, donnait quatre livres ; celle
des droits sur la vente du poisson, vingt-quatre livres ; celle
d'un impôt spécial sur les petits poissons, de quatre à douze
livres ; celle des autres revenus du Gras, c'est-à-dire du marché placé devant Saint-Pierre et où l'on vendait, outre le poisson, le beurre et diverses autres denrées, vingt-cinq livres
environ ; la ferme du produit des amendes et défauts, qua-
rante-sept livres ; celle des épaves, quarante livres ; celle des
amendes spéciales des blasphèmes, seize livres de cire, qu'on
appliquait sans doute au luminaire de Saint-Martial. Le greffe
criminel était affermé quatre-vingt-deux livres ; le greffe civil
et les droits du sceau *ad causas* — en matière judiciaire — de
quatre-vingt-quinze à cent-dix livres . Enfin les revenus de
l'aumône Sainte-Croix et des Pains de Noël produisaient de
cinquante à soixante setiers de blé, moitié froment et moitié
seigle, et de quarante à cinquante livres tournois en argent ;
mais le produit de cette ferme avait, nous l'avons déjà dit, une
affectation particulière (1).

Les dettes de la Commune et souvent les gages des agents
municipaux étaient payés au moyen de délégations sur le produit de ces fermes. Ainsi le 18 mars 1496, les héritiers de
Mathieu Benoist et ceux de Léonard Celier, anciens Consuls,
reconnus créanciers de la ville après vérification des comptes
de gestion de ces magistrats — nous avons vu avec quelle
désespérante lenteur les comptes étaient apurés — reçoivent
un titre, les premiers de vingt-sept livres neuf deniers, les se-
conds de quinze livres quatorze sols trois deniers. Le Consulat
leur délègue une partie des revenus du *Fay mi drech* (2).
Parfois, quand l'administration municipale apportait trop
de retard dans ses paiements, les créanciers « exécutaient »
la ville de la même façon que les Consuls « exécutaient » les
contribuables. Ils s'en prenaient, en général, aux revenus des
droits affermés. Nous voyons, par exemple, Martial d'Auver-
gne, le propre juge civil du Consulat, à qui il est dû une
somme de quatre-vingts livres pour les émoluments de sa
charge, faire saisir ces revenus en 1491 (3). — Il va sans dire
que le fisc royal recourait souvent à ce procédé.

(1) Nous relevons tous ces chiffres dans le registre E 743 des Archives de
Pau, dont nous préparons la publication.
(2) Arch. des Basses-Pyrénées, E 743, n° 56.
(3) *Ibid.*, n°º 29, 30, 31.

Nous eussions aisément trouvé quelques détails inédits à ajouter à l'aperçu sommaire que nous venons de tracer du budget de la ville de Limoges au moyen âge et de la gestion des Consuls. Mais nous avons cru devoir écarter de notre étude tout ce qui n'était point indispensable pour donner une idée des ressources et des charges municipales de cette époque : cela ne veut pas dire que nous considérions cet aperçu comme complet. Il offre, au contraire, bien des lacunes. Aussi reviendrons-nous peut-être quelque jour sur cet intéressant sujet.

Limoges, Imp. Vᵒ H. Ducourtieux, rue des Arènes.